I0701836

Daniele Antonio Battaglia

Campioni della Coppa Davis 2023

Prima Edizione

Daniele Battaglia
Posizione SIAE numero: 136806
Sezione O.L.A.F.
Membro Onorario dell'Unione Nazionale Scrittori e Artisti
© 2023. Tutti i diritti sono riservati.
Foto di copertina by Gonzalo Mendiola tramite pexel.com
Grafica di copertina by Daniele Antronio Battaglia
È vietata la riproduzione, anche parziale, senza il consenso dell'autore.

ISBN | 9798871008119

www.danielebattaglia.it
www.compagniafantasma.eu
www.thesharpshooter.eu
www.globalshow.net
www.gsradio.it
www.dabacademy.eu
www.parlarealmicrofono.cloud
Facebook:
www.facebook.com/danieleantoniobattaglia
www.facebook.com/compagniateatralefantasma
www.facebook.com/thesharpshootertheprofessionalkiller
Twitter:
www.twitter.com/rugantino7
Profilo autore Amazon:
https://www.amazon.com/Daniele-Antonio-Battaglia/

Regolamento e storia

Per chi non lo sapesse, la Coppa Davis è il campionato del mondo di tennis a squadre per nazioni che si disputa ogni anno dal 1901 (Ideata nel 1899) e che prende il nome dal suo ideatore Dwight Filley Davis, all'epoca giocatore statunitense di tennis dell'università di Harvard. Davis pensò, insieme ai suoi compagni di squadra di sfidare una rappresentativa di giocatori della Gran Bretagna, dando vita alla prima edizione della coppa che all'inizio venne denominata International Lawn Tennis Challenge, per poi diventare Davis Cup dal 1945 e cioè dopo la morte del suo fondatore. Dal 1899 di strada questa manifestazione sportiva ne ha fatta tanta, fin ad arrivare a essere giustamente identificata come il campionato del mondo per lo sport del tennis a squadre.

La competizione si è svolta fino al 2019, con qualche variante applicata di tanto in tanto, con un tabellone a eliminazione diretta per le nazioni facenti parte del World Group, dove ogni singolo scontro veniva giocato a casa di una delle due contendenti con lo svolgimenti di quattro singolari e un doppio, tutti sulla distanza dei 3 set su 5 come nei tornei del Grande Slam, suddivisi in un week end lungo e che vedeva il seguente schema:

Due singolari il venerdì
L'unico doppio il sabato
Due singolari la domenica

Questa formula veniva applicata fino alla finale e per decidere, per ogni scontro, quale delle due nazioni dovesse ospitare le partite si andava a vedere quale paese avesse giocato in casa nell'ultimo scontro diretto disputato tra le due compagini in questione, di conseguenza a ospitare il nuovo incontro sarebbe stata la nazione che aveva giocato fuori casa l'ultima volta; alternando equamente le partite casalinghe di volta in volta per non favorire nessuno.

Esempio:
Se nei quarti di finale si affrontavano Italia e Svezia e l'ultimo scontro tra le due nazionali era stato ospitato dagli svedesi, allora questo nuovo incontro sarebbe stato ospitato dall'Italia, tenendo bene a mente che ogni nazione ospitante aveva diritto di scegliere la città dove disputare gli incontri, la superficie dei campi (terra battuta, erba, sintetico o cemento) e se giocare all'aperto o al chiuso.
Qualora due compagini si fossero affrontate per la prima volta, allora la sede di gioco per il loro primo incontro veniva decisa tramite sorteggio.

Come già scritto, questa tipologia di torneo è stata cambiata dall'edizione 2019 (con alcune ulteriori modifiche applicate dopo la pandemia del 2020) e che ha visto mantenere lo schema della vecchia formula solo per il turno preliminare che dà accesso alla fase a gironi da quattro squadre l'uno; gironi che vengono disputati in due o quattro nazioni diverse. Le prime due di ogni girone accedono alla fase finale, che si disputa per intero in un unico paese ospitante, tramite un tabellone a eliminazione diretta che prevede quarti di finale, semifinali e la finale. A differenza della vecchia formula, a partire dalla fase a gironi, anche detta fase Round Robin, i match per ogni scontro diminuiscono a tre (due singolari e un doppio) e vengono giocati tutti nella stessa giornata al meglio di due set su tre per velocizzare il tutto.

La vittoria del 1976

Anche se la competizione è nata nel 1899, l'Italia deve attendere fino al 1976 per festeggiare quello che, fino a pochissimo tempo fa, era il primo e unico successo in Davis. All'epoca si potevano convocare solo quattro giocatori, più il capitano che, occupando uno dei quattro posti disponibili, poteva anche scendere in campo; difatti si è sempre specificato se il capitano di una nazionale sia *"giocatore"* o *"non giocatore"*. L'Italia proprio nel 1976 affida il delicatissimo ruolo di Capitano non giocatore al suo atleta simbolo, cioè Nicola Pietrangeli, il quale pur essendosi ritirato dalla carriera di singolarista nel 1974, continuò a giocare professionalmente in doppio fino al 1977. Pietrangeli è un'autentica leggenda in Italia, avendo vinto il Roland Garros per ben due volte (1959 e 1960), oltre ad aver trionfato anche agli Internazionali d'Italia nel 1957 a Roma e nel 1961 nella storica edizione giocatasi a Torino. Il suo carisma, accompagnato dall'approfondita conoscenza degli altri tennisti italiani con i quali continua a giocare attivamente in doppio, oltre ad averci giocato contro tante volte da singolarista, fanno sperare che gli Azzurri possano ottenere risultati migliori di quanto è stato racimolato fino a quel momento con Fausto Gardini, suo predecessore nel ruolo di Capitano.

Dopo l'eliminazione nel primo turno del 1975 per mano della Francia per 3-2, l'Italia di Nicola Pietrangeli, con Mario Belardinelli Direttore Tecnico, approda a quella che un tempo era una delle due finali continentali per l'Europa e si trova di fronte la Gran Bretagna, avversario che parte con i favori del pronostico nonostante il fatto che tra le fila azzurre ci sia già da tempo il grande Adriano Panatta, l'erede proprio di Pietrangeli (Pietrangeli e Panatta hanno pure giocato in doppio diverse volte, conquistando alcuni titoli). Un po' a sorpresa, contro i britannici, Pietrangeli convoca Antonio Zugarelli, reputando che il ragazzo possa adeguarsi meglio di altri al gioco sull'erba di Wimbledon dove il Regno Unito, che giocava in casa, decise di svolgere l'incontro.

Sta di fatto che l'intuizione (che creò anche qualche dissidio interno tra Belardinelli e Pietrangeli su chi ne ebbe realmente la paternità) di far giocare Zugarelli come uno dei due singolaristi è decisiva, perché il ventiseienne azzurro vinse entrambi i singolari giocati, portando a casa due dei quattro punti che ci permisero di battere la Gran Bretagna.

Proprio in virtù d'incontri delicati come quello con i britannici, risultarono fondamentali le caratteristiche di tutti e quattro i convocati: dal grande talento del già citato Adriano Panatta, a Paolo Bertolucci che con il primo forma una coppia di doppio di altissimo livello, per arrivare al nuovo arrivo Antonio Zugarelli e al solidissimo Corrado Barazzutti.

In quella che viene indicata come semifinale interzone, l'Italia deve giocare contro la fortissima Australia che già due volte ci ha battuto in finale negli anni precedenti, quando Nicola Pietrangeli partecipava alla competizione da giocatore. L'evento si disputa a casa nostra e il pubblico aiuta gli azzurri a vincere per 3-2 grazie ai successi in singolare sia di Adriano Panatta, sia di Corrado Barazzutti contro John Newcombe e a quella del doppio Bertolucci-Panatta contro la coppia più forte di quell'epoca, cioè Newcombe-Roche.

Dopo essersi *"vendicati"*, sportivamente parlando, dell'Australia, l'Italia si trova per la terza volta nella storia a giocare una finale di Coppa Davis e lo devo fare contro il Cile, in Sud America. La situazione è molto più difficile e complessa di quello che può sembrare, perché all'epoca in Cile vigeva il regime dittatoriale di Pinochet e molti paesi vi erano contrari, tanto che la cosa si ripercuoteva anche a livello sportivo e guarda caso il Cile era approdato in finale senza aver giocato la semifinale che lo vedeva opposto all'Unione Sovietica che per protesta contro il regime del dittatore cileno, si era rifiutata di scendere in campo contro il paese sud americano, perdendo quindi a tavolino.
Anche in Italia si muovono i partiti politici che vorrebbero che la Federazione Italiana Tennis (FIT) prendesse una decisione simile a quella sovietica, ma proprio il nostro Capitano Nicola Pietrangeli si oppone

con le unghie e con i denti alla richiesta dei politici e lotta affinché la sua squadra possa andare oltre oceano a giocarsi la meritata finale conquistata con tanto sudore. Nonostante le controversie, Pietrangeli riesce a spuntarla e la spedizione azzurra parte per Santiago del Cile.

La finale si gioca dal 17 al 19 Dicembre nella capitale cilena all'Estadio Nacional de Chile in un'atmosfera surreale, dove non mancano decine e decine di contestazioni con punti che, da quanto raccontano alcuni presenti, spesso venivano chiamati in modo irregolare, guarda caso sempre a favore dei padroni di casa.

Nonostante quanto venga riportato, l'Italia trionfa per 4-1 conquistando per la prima volta la storica *"insalatiera"*, come viene volgarmente chiamata la Coppa Davis.

I risultati della Coppa Davis del 1976

**Finale Europa Zona B
dal 5 al 7 Agosto a Wimbledon - Londra - Campo in erba**

Italia batte Gran Bretagna 4-1

Antonio Zugarelli b. Roger Taylor 61/75/36//61

Adriano Panatta b. John Lloyd 57/63/63/26/64

David Lloyd/John Lloyd b. Paolo Bertolucci/Adriano Panatta 68/36/63/18 16/62

Adriano Panatta b. Roger Taylor 36/62/64/64

Antonio Zugarelli b. John Lloyd 46/68/61/61/61

**Semifinale Mondiale
dal 24 al 27 Settembre al Foro Italico - Roma - Campo in terra rossa**

Italia batte Australia 3-2

Corrado Barazzutti b. John Newcombe 75/61/64

John Alexander b. Adriano Panatta 75/63/64

Paolo Bertolucci/Adriano Panatta b. John Newcombe/Tony Roche 63/64/63

John Alexander b. Corrado Barazzutti 62/62/57/46/62

Adriano Panatta b. John Newcombe 57/86/64/62

Finale Mondiale
dal 17 al 19 Dicembre all'Estadio Nacional de Chile - Santiago del Cile - Campo in terra rossa

Italia batte Cile 4-1

Corrado Barazzutti b. Jaime Fillol 75/46/75/61

Adriano Panatta b. Patricio Cornejo 63/61/63

Paolo Bertolucci/Adriano Panatta b. Patricio Cornejo/Jaime Fillol 36/62/97/63

Adriano Panatta b. Jaime Fillol 86/64/36/10 8

Belus Prajoux b. Antonio Zugarelli 64/64/62

Le altre finali

Nel passare dal 1976 al 2023, dobbiamo citare per onore di cronaca le finali perse nel 1977 contro l'Australia per 3-1 fuori casa, quella del 1979 contro gli Stati Uniti di John McEenroe, quella del 1980 contro la Cecoslovacchia di Ivan Lendl, fino a quella sfortunatissima del 1998 persa in casa al Forum d'Assago di Milano contro la Svezia per 4-1 con Andrea Gaudenzi che si infortunò gravemente, alla spalla destra già operata mesi prima, durante il primo singolare della terza giornata con la Svezia già in vantaggio per 2-1.

Chiaramente non possiamo dimenticare le due finali precedenti al 1976 e cioè quelle del 1960 e del 1961, entrambe perse contro l'Australia per 4-1 la prima e 5-0 la seconda con Nicola Pietrangeli in campo per l'Italia e i leggendari Rod Laver e Roy Emerson per l'Australia.

La fase finale del 2022

Con il cambio di regolamento della Davis e l'avvento di giocatori come Matteo Berrettini, Jannik Sinner, Lorenzo Musetti, Marco Cecchinato e Lorenzo Sonego che si vanno ad aggiungere agli "storici" Fabio Fognini e Simone Bolelli, l'Italia sembra avere improvvisamente tutte le carte in regola per tornare ad ambire alla conquista della tanto agognata Coppa Davis. Il ruolo di Capitano non giocatore è passato nel frattempo dal grande Corrado Barazzutti (che ha anche guidato le nostre mitiche ragazze alla vittoria di ben 4 Federation Cup, l'equivalente femminile della Davis) a Filippo Volandri che si ritrova a dover gestire un bel gruppo di giovani e talentuosi giocatori.

Alla fase finale del 2022 che si gioca a Malaga (campi indoor in cemento) gli Azzurri arrivano con i favori del pronostico nonostante la non perfetta forma fisica di Matteo Berrettini che si trova nella top 10 della classifica ATP, avendo raggiunto le semifinali agli US Open e la finale a Wimbledon, ma che è reduce da un brutto infortunio dal quale non si è ancora ripreso totalmente. Come se non bastasse non possiamo convocare il nostro astro nascente Jannik Sinner che sta scalando le classifiche con una straordinaria rapidità ma che è indisponibile perché fattosi male sul finire della stagione.
Sta di fatto che la squadra di Volandri ci prova lo stesso perché può schierare il grande talento di Lorenzo Musetti, la grinta inesorabile di Lorenzo Sonego, l'esperienza di Simone Bolelli unita all'estro e al carisma di Fabio Fognini e comunque un Matteo Berettini, convocato in extremis, che stringe i denti nella speranza di poter recuperare in tempo per la possibile finale.

Forti dell'ottimo percorso che ci ha portato fino alla fase conclusiva del torneo, grazie ad aver vinto il girone del Round Robin contro Croazia, Argentina e Svezia, arriviamo ai quarti di finale dei play off dove affrontiamo gli Stati Uniti. A dispetto di quanto è avvenuto pochi mesi prima, nei gruppi della fase precedente, dove avevamo potuto schierare sia Berrettini, sia Sinner, questo non è possibile contro la formazione americana che vede aumentare le proprie possibilità di qualificazione. Nonostante le pesanti assenze passiamo il turno grazie alle vittorie di Lorenzo Sonego contro Tiafoe e del consolidato doppio Bolelli/Fognini che piegano in due set gli statunitensi Paul/Sock e rendendo ininfluente la sconfitta di Musetti contro Taylor Fritz.

Approdiamo così alla semifinale dove ci attende il Canada che ha battuto la Germania. L'incontro inizia bene con Sonego che batte Shapovalov, ma i nord americani pareggiano i conti con Felix Auger-Aliassime che supera Musetti. Tocca di nuovo al doppio decidere chi andrà in finale e l'Italia deve fare a meno di Bolelli che non è fisicamente al 100% dopo ave disputato la partita precedente contro gli USA. A quel punto Volandri schiera la carta Berrettini insieme a Fabio Fognini, nella speranza che il primo si sia potuto riprendere abbastanza per aiutare l'esperto compagno di coppia. Gli azzurri lottano non solo contro gli avversari, ma anche contro i problemi fisici e alla fine, anche se con l'onore delle armi, devono cedere il passo al Canada che poi vincerà la competizione.

Play Off 2022

Quarti di Finale:

Italia - Stati Uniti 2-1

Germania - Canada 1-2

Spagna - Croazia 0-2

Olanda - Australia 0 - 2

Semifinali:

Italia - Canada 1-2

Croazia - Australia 1-2

Finale:

Canada - Australia 2-0

Coppa Davis 2023

Nei primi giorni di Febbraio del 2023 si comincia già con la nuova stagione della Davis e l'Italia, in virtù dell'essere stata semifinalista e di dover ospitare un girone della seconda fase a Settembre, ottiene una wild card che le permette di saltare il turno preliminare. Fase che come già detto si gioca ancora con la vecchia formula dei cinque match, però non più sulla distanza dei tre set su cinque, bensì su quella più rapida dei due set su tre. Come gli Azzurri, usufruiscono della wild card anche i campioni in carica del Canada, i vice campioni dell'Australia e la Spagna che è il paese dove si giocherà, anche nel 2023, la fase finale della coppa.

Preliminari Coppa Davis 2023

Match	Risultato	Superficie
Croazia-Austria	3-1	Cemento Indoor
Ungheria-Francia	2-3	Cemento Indoor
Uzbekistan-Stati Uniti	0-4	Cemento Indoor
Germania-Svizzera	2-3	Cemento Indoor
Colombia-Gran Bretagna	1-3	Terra battuta
Norvegia-Serbia	0-4	Cemento Indoor
Cile-Kazakistan	3-1	Terra battuta
Corea del Sud-Belgio	3-2	Cemento Indoor
Svezia-Bosnia	3-1	Cemento Indoor
Olanda-Slovacchia	4-0	Cemento Indoor
Finlandia-Argentina	3-1	Cemento Indoor
Portogallo-Repubblica Ceca	1-3	Terra battuta

Già qualificate alla fase a gironi:
Australia (finalista 2022)
Canada (campione 2022)
Italia (wild card)
Spagna (wild card)

La fase a gironi

Il 12 Settembre inizia la fase a gironi e come detto l'Italia è una delle nazioni che ospitano l'evento. Per l'esattezza i gruppi di questa fase sono quattro, ognuno composto da quattro squadre e ottengono la qualificazione alla Final 8 le prime due nazioni di ogni girone. Gli Azzurri vengono sorteggiati con Cile, Svezia e i campioni in carica del Canada nel gruppo A che gioca tutti i match all'Unipol Arena di Bologna (al coperto su campo in cemento). Nonostante le ottime prestazioni estive dei nostri giocatori che hanno visto la ripresa di Berrettini e il primo trionfo in un torneo Masters 1000 per Jannik Sinner, vincitore dell'Open del Canada disputatosi a Toronto, arriviamo sottotono alla seconda fase della Davis. I motivi sono diversi e in primis si fanno notare un nuovo infortunio per Matteo Berrettini e un forte affaticamento muscolare per Jannik Sinner, il quale è costretto a sua volta a saltare le convocazioni di Capitan Volandri. Quest'ultimo è protagonista involontario di una brutta diatriba con Fabio Fognini che pur essendo stato selezionato nelle preconvocazioni di Agosto, poi, inaspettatamente, non viene confermato nella lista ufficiale di Settembre. La mancata convocazione scatena l'ira e l'indignazione del giocatore ligure, il quale, a onor del vero, ha sempre dato anima e corpo nel difendere i colori Azzurri in Coppa Davis e quindi capiamo perfettamente il suo grande disappunto quando si è visto escludere dalla lista dei convocati per Bologna.
All'Unipol Arena Volandri porta Lorenzo Musetti, Lorenzo Sonego, Matteo Arnaldi, messosi in gran evidenza durante l'estate e l'ultimo US Open, Simone Bolelli e Andrea Vavassori specialista del doppio ma che ultimamente ha anche ottenuto buoni risultati in singolare.

Canada-Italia

Con un bagaglio pieno di problemi, ai quali si aggiunge anche l'improvviso infortunio di Vavassori in allenamento, il team italiano esordisce il 13 Settembre contro il Canada campione in carica che, a sua volta, presenta diverse defezioni rispetto al quintetto che ha conquistato il titolo poco più di un anno prima.

Nonostante i nostri infortuni, risultiamo comunque favoriti sugli avversari odierni che schierano quasi una formazione C, se così si può dire, e il primo a scendere in campo è Lorenzo Sonego contro il non tanto conosciuto Alexis Galarneau. Il torinese è nettamente favorito, ma come vuole spesso la favola vivente della Davis, l'underdog riesce a vivere un giorno di gloria e tra lo sgomento di tutto il pubblico presente all'Unipol Arena di Bologna e i tifosi che seguono il match da casa in TV, il canadese piega in due set il nostro giocatore.

Nel secondo match tocca a Lorenzo Musetti difendere i nostri colori contro un altro avversario che in molti non conoscono, Gabriel Diallo, per quanto più famoso del suo compagno di team che ha giocato la prima partita di giornata. Tutti sono convinti che Musetti porterà a casa il punto del pareggio con relativa facilità... e invece anche lui cede in due set, nonostante abbia lottato fino alla fine come ha fatto anche Sonego prima di lui.

L'incontro d'esordio di per sé è ormai perso, il Canada conduce a sorpresa per 2 a 0 ma c'è ancora il doppio da giocare e che ci potrebbe dare un punto importante per il prosieguo della manifestazione. Volandri, in virtù dell'infortunio di Vavassori, schiera la coppia formata da Simone Bolelli e l'esordiente Matteo Arnaldi, i quali sfidano Galarneau e Vasek Pospisil, unico reduce del trionfo canadese di un anno fa.
L'inedita coppia azzurra ce la mette tutta, ma la giornata sembra davvero stregata per l'Italia che perde anche questo match al tie-break del terzo set.

Italia - Cile

L'ambiente italiano è ancora scosso da quanto è successo durante il primo incontro del girone, ma non c'è tempo per piangersi addosso e le speranze di qualificazione sono ancora vive, anche se la situazione si è nettamente complicata. Nella seconda giornata dei gironi all'italiana, gli Azzurri affrontano il Cile che nel primo incontro ha vinto per 3-0 contro la Svezia. Se la legge transitoria che si applica in algebra valesse anche per lo sport saremmo rovinati, perché di base la formazione sud americana è più forte del quintetto portato a Bologna dal Canada.

Per nostra fortuna non è così e Filippo Volandri decide di mischiare le carte nella speranza di ottenere una reazione dai propri ragazzi, quindi il primo singolare di giornata lo gioca Matteo Arnaldi contro il più esperto Cristian Garín. Arnaldi paga lo scotto dell'esordio in singolare e il primo set scivola facilmente a favore del Cile per 6 a 2. Dal secondo parziale l'azzurro cambia marcia, mettendo in difficoltà Garín che alla fine è costretto a cedere secondo e terzo set all'italiano che conquista il primo punto della giornata per gli Azzurri.

Il pubblico, che non ha mai smesso di sostenere i nostri ragazzi, capisce che deve spingerli ancora oltre se è possibile e sull'onda della speranza e del ritrovato ottimismo scende in campo Lorenzo Sonego contro Nicolás Jarry. Il match è molto combattuto, per quanto Jarry sia più un terraiolo a differenza del nostro giocatore che si trova bene sia sulle superfici lente, sia su quelle veloci. Anche in questo caso perdiamo il primo set, ma la forza di volontà e la voglia di riscatto di Sonego sono determinanti, permettendo al piemontese di ribaltare il match e vincere per 2 set a 1.

Con il successo di Sonego abbiamo matematicamente vinto l'incontro di oggi, ma avendo perso per 3-0 nella prima giornata, abbiamo stretta necessità di portare a casa anche il terzo punto disponibile.

Tanto per non farci mancare nulla, anche Simone Bolelli accusa degli acciacchi, quindi ci dobbiamo inventare un altra coppia di doppio. Scendono in campo Musetti e lo stanco Sonego contro gli avversari cileni Marcelo Tomás Barríos Vera e Alejandro Tabillo. Sulla carta i nostri giocatori sono nettamente più forti, anche se Sonego ha avuto solo pochi minuti per riprendersi dal singolare appena concluso, ma visto quello che è successo due giorni prima contro il Canada, anche questo match deve essere affrontato con la massima attenzione. Difatti, nemmeno a dirlo, il Cile si aggiudica il primo set al tie-break, ma come se fosse una sequenza matematica di giornata, l'Italia fa suoi il secondo e il terzo parziale, portando in cascina anche il punto del doppio. Tre a zero al Cile e le speranze di qualificazione sono davvero ancora vive.

Italia - Svezia

Nella terza e ultima giornata sappiamo che dobbiamo vincere con qualsiasi risultato contro la Svezia, perché il giorno prima il Canada ha battuto il Cile, chiudendo il girone matematicamente al primo posto e a punteggio pieno. Noi al momento saremmo secondi con una vittoria e una sconfitta, come pure il Cile, ma davanti ai sud americani in virtù dello scontro diretto, però se oggi la Svezia ci dovesse battere raggiungerebbe al secondo posto noi e i cileni e si dovrebbe prendere in considerazione il numero dei match vinti, la differenza tra i set vinti e persi e così via. Detto in soldoni, dobbiamo vincere anche oggi per essere sicuri di qualificarci senza dover fare mille conteggi.

Dopo la vittoria di ieri Volandri conferma i due singolaristi che ci hanno dato il successo contro il Cile, quindi è di nuovo Arnaldi che apre le danze e lo fa contro Leo Borg, sì proprio il figlio del grande Bjorn.
Per nostra fortuna la Svezia non più è la grande potenza tennistica degli anni '80 e '90 e dei primi anni 2000 quando poteva schierare Bjorn Borg, Mats Wilander, Stephan Edberg, Magnus Norman e company. Anzi, nominando questi immensi campioni non ci possiamo dimenticare la grandissima sfida del 1990 giocata a Cagliari sulla terra battuta, sempre valida per la Coppa Davis, quando il nostro Paolo Canè superò in cinque set Wilander regalandoci il passaggio del turno.
Ma torniamo ai nostri tempi e a Bologna con Arnaldi che deve respingere gli assalti di una Svezia ancora a zero punti. Il giovane azzurro ha vita dura anche oggi e nonostante sia già il terzo impegno, si nota che continua a sentire la pressione perché consapevole dell'importanza del suo match. Matteo trova la forza per dare nuovamente il meglio di sé, anche grazie al pubblico di casa che lo sostiene facendogli conquistare una meritatissima vittoria in due set.

Per il secondo singolare scende in campo nuovamente Sonego, opposto all'ormai ex speranza svedese Elias Ymer. Lo svedese gioca molto meglio di quanto ci si possa aspettare, impegnando il nostro azzurro che, da grande gladiatore qual è, conquista la vittoria in due set regalandoci il punto che ci fa qualificare per la fase finale della Coppa Davis che si giocherà a Malaga a Novembre.

Nel terzo e ultimo match, ormai ininfluente sulle sorti delle due compagini, i nostri colori vengono difesi da Musetti e da Bolelli che sembra essersi ripreso dal malore dei giorni passati. I giocatori italiani, nonostante siano nettamente più rilassati grazie al passaggio del turno già ottenuto, provano lo stesso a regalare un'altra vittoria ai tifosi che li stanno seguendo, ma alla fine devono cedere al super tie-break contro Filip Bergevi e André Goransson.

Gruppo A
Unipol Arena, Bologna, Italia
Campo indoor in cemento

Pos.	Nazione	Punti	Match V/P	Set V/P	Game V/P
1ª	Canada	3	8-1	16-4	123-100
2ª	Italia	2	5-4	12-11	121-116
3ª	Cile	1	4-5	11-11	116-115
4ª	Svezia	0	1-8	4-17	93-122

Leggenda: V=Vinti; P=Persi

1ª Giornata:

Svezia-Cile 0-3
Cristian Garin (CIL) b. Leo Borg (SVE) 76/36/75
Nicolás Jarry (CIL) b. Elias Ymer (SVE) 62/64
Marcelo Tomás Barrios Vera/Alejandro Tabillo (CIL) b. Filip Berge-vi/André Goransson (SVE) 64/75

Canada-Italia 3-0
Alexis Galarneau (CAN) b. Lorenzo Sonego (ITA) 76/64
Gabriel Diallo (CAN) b. Lorenzo Musetti (ITA) 75/64
Alexis Galarneau/Vasek Pospisil (CAN) b. Simone Bolelli/Matteo Arnaldi (ITA) 67/64/76

2ª Giornata:

Canada-Svezia 3-0

Vasek Pospisil (CAN) b. Leo Borg (SVE) 76/57/62
Gabriel Diallo (CAN) b. Elias Ymer (SVE) 64/63
Alexis Galarneau/Vasek Pospisil (CAN) b. Filip Bergevi/André Goransson (SVE) 76/76

Italia-Cile 3-0

Matteo Arnaldi (ITA) b. Cristian Garin (CIL) 26/64/63
Lorenzo Sonego (ITA) b. Nicolás Jarry (CIL) 36/75/64
Lorenzo Musetti/Lorenzo Sonego (ITA) b. Marcelo Tomás Barrios Vera/Alejandro Tabillo (CIL) 67/63/76

3ª Giornata:

Canada-Cile 2-1

Alexis Galarneau (CAN) b. Alejandro Tabillo (CIL) 63/76
Nicolás Jarry (CIL) b. Gabriel Diallo (CAN) 64/64
Alexis Galarneau/Vasek Pospisil (CAN) b. Marcelo Tomás Barrios Vera/Alejandro Tabillo (CIL) 63/76

Italia-Svezia 2-1

Matteo Arnaldi (ITA) b. Leo Borg (SVE) 64/63
Lorenzo Sonego (ITA) b. Elias Ymer (SVE) 64/64
Filip Bergevi/André Goransson (SVE) b. Lorenzo Musetti/ Simone Bolelli (ITA) 46/76/10 8 (Super tie-break)

Gruppo B

AO Arena, Manchester, Inghilterra
Campo indoor in cemento

Pos.	Nazione	Punti	Match V/P	Set V/P	Game V/P
1ª	Gran Bretagna	3	6-3	13-11	129-122
2ª	Australia	2	6-3	14-6	113-94
3ª	Francia	1	5-4	12-10	117-106
4ª	Svizzera	0	1-8	4-16	78-115

Leggenda: V=Vinti; P=Persi

1ª Giornata:

Francia-Svizzera 3-0
Adrian Mannarino (FRA) b. Dominic Stricker (SVI) 36/61/64
Ugo Humbert (FRA) b. Stan Wawrinka (SVI) 64/64
Nicolas Mahut/Edouard Roger-Vassellin (FRA) b. Leandro
Riedi/Alexander Ritschard (SVI) 62/62

Australia-Gran Bretagna 1-2
Jack Draper (GB) b. Thanasi Kokkinakis (AUS) 67/63/76
Daniel Evans (GB) b. Alex De Minaur (AUS) 61/26/64
Matthew Ebden/Max Purcell (AUS) b. Daniel Evans/Neal Skupski
(GB) 76/64

2ª Giornata:

Australia-Francia 2-1
Adrian Mannarino (FRA) b. Max Purcell (AUS) 76/64
Alex De Minaur (AUS) b. Ugo Humbert (FRA) 76/63
Matthew Ebden/Max Purcell (AUS) b. Nicolas Mahut/Edouard Roger-Vassellin (FRA) 75/63

Gran Bretagna-Svizzera 2-1
Andy Murray (GB) b. Leandro Riedi (SVI) 67/64/64
Stan Wawrinka (SVI) b. Cameron Norrie (GB) 75/64
Daniel Evans/Neal Skupski (GB) b. Marc-Andrea Husler/Dominic Stricker (SVI) 63/63

3ª Giornata:

Australia-Svizzera 3-0
Thanasi Kokkinakis (AUS) b. Dominic Stricker (SVI) 63/76
Alex De Minaur (AUS) b. Marc-Andrea Husler (SVI) 64/63
Matthew Ebden/Max Purcell (AUS) b. Marc-Andrea Husler/Dominic Stricker (SVI) 62/64

Gran Bretagna-Francia 2-1
Daniel Evans (GB) b. Arthur Fils (FRA) 36/63/64
Ugo Humbert (FRA) b. Cameron Norrie (GB) 76/36/75
Daniel Evans/Neal Skupski (GB) b. Nicolas Mahut/Edouard Roger-Vassellin (FRA) 16/76/76

Gruppo C

Pavelló Municipal Font de San Lluís, Valencia, Spagna
Campo indoor in cemento

Pos.	Nazione	Punti	Match V/P	Set V/P	Game V/P
1ª	Repubblica Ceca	3	9-0	18-4	130-100
2ª	Serbia	2	6-3	13-8	110-101
3ª	Spagna	1	2-7	6-14	99-112
4ª	Corea del Sud	0	1-8	6-17	103-129

Leggenda: V=Vinti; P=Persi

1ª Giornata:

Serbia-Corea del Sud 3-0
Dusan Lajovic (SER) b. Hong Seong-Chan (CDS) 64/76
Laslo Djere (SER) b. Kwon Soon-Woo (CDS) 46/62/62
Nikola Cacic/Miomir Kecmanovic (SER) b. Nam Ji-Sung/Song Min-Kyu (CDS) 36/64/76

Spagna-Repubblica Ceca 0-3
Tomas Machac (CZ) b. Bernabe Zapata Miralles (SPA) 64/64
Jiri Lehecka (CZ) b. Alejandro Davidovich Fokina (SPA) 76/75
Jiri Lehecka/Adam Pavlasek (CZ) b. Alejandro Davidovich Fokina/Marcel Granollers (SPA) 57/76/64

2ª Giornata:

Repubblica Ceca-Corea del Sud 3-0
Tomas Machac (CZ) b. Hong Seong-Chan (CDS) 76/46/62
Jiri Lehecka (CZ) b. Kwon Soon-Woo (CDS) 61/75
Jakub Mensik/Adam Pavlasek (CZ) b. Nam Ji-Sung/Song Min-Kyu (CDS) 36/76/64

Spagna-Serbia 0-3
Laslo Djere (SER) b. Albert Ramos Viñolas (SPA) 64/64
Novak Djokovic (SER) b. Alejandro Davidovich Fokina (SPA) 63/64
Nikola Cacic/Miomir Kecmanovic (SER) b. Alejandro Davidovich Fokina/Marcel Granollers (SPA) 64/76

3ª Giornata:

Serbia-Repubblica Ceca 0-3
Jakub Mensik (CZ) b. Dusan Lajovic (SER) 63/62
Jiri Lehecka (CZ) b. Laslo Djere (SER) 76/75
Tomas Machac/Adam Pavlasek (CZ) b. Nikola Cacic/Novak Djoko-vic (SER) 75/76

Spagna-Corea del Sud 2-1
Bernabe Zapata Miralles (SPA) b. Hong Seong-Chan (CDS) 64/75
Alejandro Davidovich Fokina (SPA) b. Kwon Soon-Woo (CDS) 64/64
Nam Ji-Sung/Song Min-Kyu (CDS) b. Marcel Granollers/Albert Ra-mos Viñolas 67/76/10 8 (Super tie-break)

Gruppo D

Arena Gripe, Spalato, Croazia
Campo indoor in cemento

Pos.	Nazione	Punti	Match V/P	Set V/P	Game V/P
1ª	Olanda	2	5-4	13-11	131-120
2ª	Finlandia	2	6-3	13-9	116-118
3ª	Stati Uniti	1	3-6	9-14	125-124
4ª	Croazia	1	5-4	11-12	111-121

Leggenda: V=Vinti; P=Persi

1ª Giornata:

Olanda-Finlandia 2-1

Otto Virtanen (FIN) b. Botic Van de Zandschulp (OLA) 76/64
Tallon Griekspoor (OLA) b. Emil Ruusuvuori (FIN) 76/63
Wesley Koolhof/Metwé Middelkoop (OLA) b. Harri Heliovaara/Patrik Niklas-Salminen (FIN) 64/67/63

Croazia-Stati Uniti 1-2

Mackenzie McDonald (USA) b. Dino Prizmic (CRO) 64/62
Borna Gojo (CRO) b. Frances Tiafoe (USA) 64/76
Austin Krajicek/Rajeev Ram (USA) b. Ivan Dodig/Mate Pavic (CRO) 76/67/62

2ª Giornata:

Olanda-Stati Uniti 2-1

Botic Van de Zandschulp (OLA) b. Tommy Paul (USA) 76/62
Tallon Griekspoor (OLA) b. Frances Tiafoe (USA) 63/67/76
Austin Krajicek/Rajeev Ram (USA) b. Wesley Koolhof/Metwé Middelkoop (OLA) 76/67/63

Croazia-Finlandia 1-2

Otto Virtanen (FIN) b. Dino Prizmic (CRO) 64/36/63
Emil Ruusuvuori (FIN) b. Borna Gojo (CRO) 76/64
Ivan Dodig/Mate Pavic (CRO) b. Harri Heliovaara/Patrik Niklas-Salminen (FIN) 64/76

3ª Giornata:

Stati Uniti-Finlandia 0-3

Otto Virtanen (FIN) b. Mackenzie McDonald (USA) 76/16/76
Emil Ruusuvuori (FIN) b. Tommy Paul (USA) 76/64
Harri Heliovaara/Patrick Kaukovalta (FIN) b. Austin Krajicek/Rajeev Ram (USA) 67/76/10 8 (Super tie-break)

Croazia-Olanda 2-1

Botic Van de Zandschulp (OLA) b. Duje Ajdukovic (CRO) 63/36/75
Borna Gojo (CRO) b. Tallon Griekspoor (OLA) 46/76/64
Duje Ajdukovic/Mate Pavic (CRO) b. Wesley Koolhof/Metwé Middelkoop (OLA) 36/64/10 8 (Super tie-break)

La fase finale

Seppur con qualche affanno, l'Italia è riuscita a staccare il biglietto per la fase finale che si disputa a Malaga, in Spagna, dal 21 al 26 Novembre. Nel frattempo Matteo Berrettini si allena duramente per rientrare sui campi di gioco per gli ultimi tornei della stagione e soprattutto per le finali della Davis Cup ma, nonostante i suoi sforzi, il 27 Ottobre è costretto ad annunciare, tramite i social media, che i medici hanno dato parere negativo a un suo ritorno in campo nel 2023, che spera di poter tornare a giocare in tempo per gli Australian Open del 2024 e che in primis darà tutto il suo supporto ai compagni di nazionale per la fase finale della Coppa Davis. Prima che si giochi l'ultimo atto della competizione per nazioni, con tabellone a eliminazione diretta che inizia dai quarti di finale, finisce la stagione dei tornei ATP con le Nitto ATP Finals che anche quest'anno si giocano a Torino e che vedono il nostro Jannik Sinner protagonista in tutto e per tutto. Il giovane giocatore di San Candido (BZ) si è ripreso dalle fatiche estive e a Torino raggiunge per la prima volta nella storia la finale di quello che una volta veniva chiamato il *"Master"* di fine anno, il torneo tra i migliori otto giocatori al mondo nell'anno solare. Jannik è in forma eccellente e vince a punteggio pieno il proprio girone del Round Robin, superando Stefanos Tsitsipas, il leggendario numero uno al mondo Novak Djokovic e Holger Rune, permettendo, con quest'ultima vittoria sul danese, a Djokovic di qualificarsi come secondo del gruppo. Sottolineiamo questa vittoria perché Jannik prima di giocare contro Rune era già matematicamente qualificato e se avesse perso, avrebbe eliminato Djokovic ma, tenendo fede allo spirito sportivo, ha dato il massimo anche in quella partita vincendola. In semifinale Jannik elimina Daniil Medvedev per poi ritrovarsi in finale di nuovo contro quello stesso Djokovic che ha sportivamente aiutato ad andare avanti nel torneo. Nella finale Sinner, dopo una lunga e pesantissima settimana dal punto di vista fisico e mentale, è quasi senza energie e Djokovic conquista il suo settimo titolo Master o delle ATP Finals se preferite. Nessun italiano prima di Jannik aveva mai raggiunto la finale delle ATP Finals, né tanto meno le semifinali.

Con un Jannik Sinner ritrovato, la spedizione azzurra parte per Malaga con i seguenti convocati per scelta di Filippo Volandri: Jannik Sinner, Lorenzo Musetti, Lorenzo Sonego, Simone Bolelli e Matteo Arnaldi. Al quintetto si aggiunge fisicamente, anche se non può giocare, Matteo Berrettini che tiene fede alle parole scritte un mese prima, aggregandosi alla squadra per dare supporto morale ai compagni.

Quarti di Finale
Italia-Olanda

Giovedì 23 Novembre gli Azzurri affrontano l'Olanda, terzo quarto di finale del torneo, Lo scontro con i Tulipani segue la clamorosa vittoria della Finlandia sui campioni in carica del Canada e quella dell'Australia che ha eliminato la Repubblica Ceca. L'Italia parte favorita, però dopo quello che è successo durante il girone della seconda fase, nessuno vuole sentire pronunciare quella parola per quanto adesso almeno Sinner possa giocare.

Il primo singolare vede protagonisti il nostro Matteo Arnaldi e l'olandese Botic Van de Zandschulp, ottimo doppista che al momento occupa pure la quarantaquattresima posizione in singolare, dopo essere stato numero 22 del mondo nell'Agosto del 2022. La pressione si fa nuovamente sentire sulle spalle di Arnaldi che comunque, con tanto cuore, lotta su ogni palla e nonostante la vittoria al tie-break del primo set deve subire la rimonta dell'avversario, cedendo così il primo punto ai Paesi Bassi.

Ci troviamo in svantaggio e a scendere in campo per contendersi il secondo punto di giornata tocca ai numeri uno di entrambe le compagini, quindi il nostro Jannik Sinner, numero 4 del mondo, opposto a Tallon Griekspoor, attualmente numero 21 del ranking ATP.

Vuoi per l'emozione, per la tensione e le fatiche affrontate fino a pochi giorni prima durante le Nitto ATP Finals, ma anche il nostro campione soffre, però lottando da leone riesce a fare suo il primo set. Nel secondo parziale Sinner sembra scrollarsi di dosso tutti i problemi e trita letteralmente l'avversario aggiudicandosi set e incontro per 6-1.

Abbiamo pareggiato i conti, quindi il doppio deciderà chi tra noi e i Tulipani andrà avanti nella Davis Cup 2023. I tifosi si chiedono chi schiererà Volandri in questo match così delicato e dopo alcuni minuti di attesa vengono annunciati i nomi di Lorenzo Sonego e di Sinner, il quale ha un ottimo feeling con il piemontese. La partita che i due Azzurri giocano è esemplare, nonostante la seria difficoltà imposta dai nostri avversari. Gli olandesi non mollano, ma altrettanto fanno i nostri ragazzi che vincono in due set, conquistando l'accesso alla semifinale di Sabato 25 Novembre dove affronteremo la vincente di Serbia-Gran Bretagna; quindi un nuovo possibile incrocio tra Sinner e Djokovic a meno di una settimana dai due match giocati a Torino per il Master.

Subito dopo la fine dell'incontro, il Capitano non giocatore dell'Olanda, Paul Haarhuis, durante un'intervista ha dichiarato:

"I nostri problemi sono iniziati non appena Jannik Sinner è atterrato all'aeroporto di Malaga!";

Semifinale
Italia-Serbia

Come tutti si aspettavano è la Serbia a passare il turno contro la Gran Bretagna e quindi a sfidare l'Italia in semifinale. Per molti esperti e tifosi lo scontro tra queste due nazioni è anche la vera finale anticipata del torneo, a causa della presenza tra le fila serbe del leggendario, e sempre verde, Novak Djokovic numero 1 del mondo delle classifiche ATP e fresco vincitore delle ATP Finals e per quella dell'astro nascente del tennis mondiale, l'azzurro Jannik Sinner numero 4 del mondo e finalista alle appena citate ATP Finals di Torino. Come già accennato, nelle ultime due settimane Sinner e Djokovic si sono già affrontati e al momento, in questo stretto lasso di tempo, il punteggio è di una vittoria pari per quanto quella ottenuta da *"Djoker"* nella finale del Master di fine anno abbia un peso maggiore rispetto a quella conquistata dal nostro Sinner.

Con questi presupposti, Sabato 25 Novembre si scende in campo. Il primo match vede Miomir Kecmanovic, per la Serbia, opposto al nostro Lorenzo Musetti. Di base i due giocatori si equivalgono, la loro classifica ATP è pressoché simile, ma senza voler peccare di presunzione, il talento puro pende tutto dalla parte di Musetti. Nel primo set le cose sembrano girare a favore di Kecmanovic che ottiene un break che lo porta in vantaggio, ma poi la grinta e la grande bravura del nostro giocatore gli permettono di rimontare e conquistare il parziale al tie-break per 7 a 6.

Nel secondo set si prosegue in equilibrio fino al quinto gioco, quando Musetti sembra accusare dei dolori a una coscia. L'azzurro stringe i denti ma ha serie difficoltà nel correre e Kecmanovic ne approfitta per far suo il secondo parziale. Nonostante l'ingresso dei medici, il problema di Musetti non si risolve; è tanto evidente che pure i vari telecronisti auspicano un ritiro dell'italiano per non peggiorare la situazione fisica del ragazzo, ma Lorenzo non vuole mollare così facilmente il punto alla Serbia e soffrendo continua a restare in campo sperando in un miracolo che purtroppo non arriva. Il dolore è troppo forte e alla fine Kecmanovic vince anche il terzo set e quindi l'incontro.

La sfortuna sembra nuovamente aver preso di mira la nostra Nazionale già priva dell'altra punta di diamante Matteo Berrettini e adesso nel secondo singolare ci giochiamo tutto con Jannik Sinner che affronterà il mito di nome Novak Djokovic. La Serbia adesso è nettamente favorita e ha nel suo campione più forte di tutti i tempi la possibilità di chiudere i conti. Il primo set, però, dice tutt'altro... perché Jannik Sinner parte in quarta e come se niente fosse, come se avesse un avversario qualsiasi davanti e avendo dimenticato la sconfitta di pochi giorni prima contro il serbo, rifila un perentorio 6 a 2 all'avversario, conquistando il primo set. Nel secondo parziale arriva la risposta d'orgoglio di Djokovic che lo fa suo con lo stesso punteggio patito nel primo set. Si va al terzo dove i due giocatori in campo lottano come degli autentici gladiatori e il tifo per l'uno e per l'altro è allo spasimo. I due fuoriclasse non lesinano continue giocate da campioni quali sono, tanto che definirlo uno scontro tra titani sembra quasi riduttivo. Sul 5-4 in favore del serbo, Sinner serve per restare nel match, ma va sotto per 0 a 40, il che dà ben tre match point consecutivi a Djokovic per vincere l'incontro e mandare il proprio paese in finale. Lo scoramento s'impossessa di colpo dei tifosi Azzurri, mentre Sinner deve battere per compiere l'impossibile. Non si sa come, probabilmente nemmeno lo stesso Jannik lo ha capito e di sicuro non lo abbiamo inteso noi... ma tutto cambia! Sinner, miracolosamente, facendo appello ai suoi nervi d'acciaio, rimonta il game e si porta sul cinque pari. Djokovic non si scompone ma a dettar legge, adesso, è l'azzurro. Sinner ottiene un insperato break e va a servire per il match. Il tifo è alle stelle, i *"carota boys"*, fan club del nostro giocatore, impazziscono sugli spalti, il cuore di tutti i tifosi serbi e italiani accelera a più non posso, mentre l'unico in tutto il mondo a restare lucido è proprio Sinner. Ha solo 22 anni, ma ha già un carattere da veterano, oltre a un braccio benedetto da Dio e ci piace pensare che, come in un film di super eroi, abbia ricevuto nel suo spirito tutto l'amore e la forza che i tifosi italiani hanno cercato d'infondergli, perché compie miracolosamente l'impossibile tenendo il turno di servizio e conquistando la vittoria sul *"mostro sacro"* che ha davanti. Siamo 1-1 adesso e ci giocheremo la qualificazione nel doppio.

A testimonianza di quanto siano incredibili, sia Sinner che Djokovic giocano anche il doppio; il primo con l'amico Lorenzo Sonego, il secondo con Miomir Kecmanovic, pure lui già sceso in campo nel primo singolare. Anche in questo match la lotta è estremamente serrata e ogni singolo punto scotta. I quattro giocatori in campo compiono autentiche magie con scambi epici che mozzano il fiato. Brekkando a sorpresa Novak Djokovic, otteniamo il vantaggio che ci permette da lì a poco di conquistare il primo parziale per 6 giochi a 3. Nel secondo set la tensione sale e di pari passo aumenta, in modo impressionante, anche il livello del tennis offerto dai quattro protagonisti in campo. La partita è bellissima e regala emozioni su emozioni. Sul 5-4 per l'Italia serve Sinner e ottiene un match point sul risultato di *"vantaggio interno"* nel game. Jannik batter forte e centrale costringendo Djokovic a fare un passo a destra per colpire la palla in precario equilibrio col rovescio bimane. Il colpo del serbo va a rete permettendo all'Italia di vincere anche il secondo parziale e quindi l'incontro per 6 a 4.

La panchina azzurra va in visibilio, come pure tutto il palazzetto che ospita l'evento, almeno per quanto riguarda la parte dei tifosi italiani che inneggiano, giustamente e con enorme orgoglio, ai nostri giocatori, autori, nessuno escluso, di una prestazione epica.

Finale
Australia-Italia

Dopo aver vissuto un sabato di grandissime emozioni, arriva la domenica della finale dove ci attendono i vice campioni in carica dell'Australia, i quali nel turno precedente hanno regolato con un secco 2 a 0 la sorprendente Finlandia. Gli Australiani sono a caccia del loro 29° titolo iridato ma a differenza di molti anni fa, per quanto sempre competitivi, non partono con i favori del pronostico che invece spettano all'Italia di Filippo Volandri.

Dopo l'infortunio patito da Musetti durante il primo singolare della semifinale contro la Serbia, il Capitano Azzurro decide di far giocare nuovamente Matteo Arnaldi che se la vedrà contro il numero due australiano Alexei Popyrin. I due ragazzi più o meno si equivalgono, la stessa classifica ATP lo dice, con l'italiano che può vantare come best ranking il 41° posto ottenuto a Ottobre del 2023 e l'australiano che due settimane prima di questa Final 8 è stato classificato numero 39 del mondo. Quando i due contendenti scendono in campo si può notare come entrambi sentano la tensione, ma nonostante questo sfoderano delle bellissime giocate. In una lotta basata sui nervi, è Arnaldi a fare suo il primo parziale per 7 a 5. Nel secondo set, improvvisamente, l'azzurro inizia a commettere diversi errori gratuiti, tra cui molti doppi falli e così Popyrin, che continua a esprimere un gioco solido, riesce a pareggiare abbastanza agevolmente il risultato. Si va quindi al terzo set dove tutti i tifosi del tricolore sperano in una ripresa di Arnaldi. L'italiano inizia l'ultima parte del match commettendo ancora degli errori, ma a poco a poco ritrova sé stesso e il suo gioco mettendo in difficoltà l'avversario, il quale non molla di un centimetro. C'è grande lotta ma a uscirne vincitore è il tennista del Bel Paese che chiude i giochi per 6 a 4 a suo favore, regalando il punto dell'1-0 all'Italia.

Per la prima volta in questa fase finale iniziamo un incontro portandoci avanti rispetto agli avversari e adesso, nel secondo singolare, toccherà al nostro miglior giocatore, Jannik Sinner, scendere in campo contro il numero uno d'Australia, Alex De Minaur che al momento occupa la dodicesima posizione nel ranking ATP.

Chiaramente l'avversario di Sinner è di ottimo livello, ma per tutti il favorito in questo match resta il ragazzo trentino. Sin dai primi scambi si intuisce che nella realtà dei fatti, al momento la differenza tra i due tennisti è ben superiore a quanto reciti la classifica ATP e le bordate precise di Sinner mettono in netta difficoltà il portacolori australiano. De Minaur prova a fare il possibile però deve cedere il primo set per 6 giochi a 3. Il tifo italiano impazzisce sugli spalti perché tutto sta andando secondo pronostico e secondo le speranze covate nei cuori di tutta Italia. Quando comincia il secondo set, Sinner sembra ancora più motivato di prima, una sorta di *"Terminator"* che non lascia scampo al povero De Minaur che non sa più a che santo votarsi per contrastare le offensive del giocatore dai capelli rossi. Sinner è implacabile e liquida il secondo set come se stesse giocando con un avversario di almeno quattro categorie inferiori alla sua e quando sul match point a suo favore, il colpo di De Minaur va fuori dal campo, il nostro campione si gira verso la panchina alzando la racchetta in un timido, ma allo stesso tempo sicuro, cenno di felicità. I festeggiamenti veri arrivano, in modo ben più evidente, pochi istanti dopo quando si avvicina all'angolo dove staziona la squadra italiana che lo coinvolge tra i cori e i salti di gioia che là, a bordo campo, sono iniziati immediatamente appena la palla dell'australiano è uscita, sancendo la vittoria di Sinner nel match e la conquista dell'Italia della sua seconda Coppa Davis.

Un sogno, un trionfo, un momento magico che per lo meno io, fino a pochi anni fa, da tifoso, pensavo non avrei mai avuto modo di vivere nel seguire il tennis maschile, perché comunque le nostre meravigliose ragazze (Flavia Pennetta, Francesca Schiavone, Roberta Vinci, Sara Errani, Mara Santangelo, Karin Knapp e Tathiana Garbin), ci hanno fatto trionfare in Federation Cup (ora denominata Billie Jean

King Cup ed equivalente al femminile della Coppa Davis) ben quattro volte dal 2006 al 2013.

Il sogno è diventato realtà e al leggendario team che nel 1976 conquistò il primo titolo, adesso si è aggiunta anche questa meravigliosa squadra che è arrivata fin qui anche grazie a giocatori che per un motivo o un altro, come Fabio Fognini, Matteo Berrettini (comunque presente fuori rosa), Marco Cecchinato, Stefano Travaglia, Andrea Vavassori, Andreas Seppi (ritirato) e altri, non hanno potuto far parte dei convocati della spedizione che ha affrontato in modo vincente la fase finale della Davis Cup 2023.

GRAZIE AZZURRI

Play off fase finale

Palacio de Deportes José María Martín Carpena, Málaga, Spagna
Cempo indoor in cemento

Quarti di Finale

Canada-Finlandia 1-2
Milos Raonic (CAN) b. Patrick Kaukovalta (FIN) 63/75
Otto Virtanen (FIN) b. Gabriel Diallo (CAN) 64/75
Harri Heliovaara/Otto Virtanen (FIN) b. Alexis Galarneau/Vasek Pospisil (CAN) 75/63

Repubblica Ceca-Australia 1-2
Tomas Machac (CZ) b. Jordan Thompson (AUS) 64/75
Alex De Minaur (AUS) b. Jiri Lehecka (CZ) 46/76/75
Matthew Ebden/Max Purcell (AUS) b. Jiri Lehecka/Adam Pavlasek (CZ) 64/75

Italia-Olanda 2-1
Botic Van de Zandschulp (OLA) b. Matteo Arnaldi (ITA) 67/63/76
Jannik Sinner (ITA) b. Tallon Griekspoor (OLA) 76/61
Jannik Sinner/Lorenzo Sonego (ITA) b. Tallon Griekspoor/Wesley Koolhof (OLA) 63/64

Serbia-Gran Bretagna 2-0
Miomir Kecmanovic (SER) b. Jack Draper (GB) 76/76
Novak Djokovic (SER) b. Cameron Norrie (GB) 64/64

Semifinali

Finlandia-Australia 0-2
Alexei Popyrin (AUS) b. Otto Virtanen (FIN) 76/62
Alex De Minaur (AUS) b. Emil Ruusuvuori (FIN) 64/63

Italia-Serbia 2-1
Miomir Kecmanovic (SER) b. Lorenzo Musetti (ITA) 67/62/61
Jannik Sinner (ITA) b. Novak Djokovic (SER) 62/26/75
Jannik Sinner/Lorenzo Sonego (ITA) b. Novak Djokovic/Miomir Kecmanovic (SER) 63/64

Finale

Australia-Italia 0-2
Matteo Arnaldi (ITA) b. Alexei Popyrin (AUS) 75/26/64
Jannik Sinner (ITA) b. Alex De Minaur (AUS) 63/60

Campione

Italia

Albo doro

Stati Uniti 32 titoli

- 1900, 1902, 1913, 1920, 1921, 1922, 1923, 1924, 1925, 1926, 1937, 1938, 1946, 1947, 1948, 1949, 1954, 1958, 1963, 1968, 1969, 1970, 1971, 1972, 1978, 1979, 1981, 1982, 1990, 1992, 1995, 2007

Australia 28 titoli

- 1907, 1908, 1909, 1911, 1914, 1919, 1939, 1950, 1951, 1952, 1953, 1955, 1956, 1957, 1959, 1960, 1961, 1962, 1964, 1965, 1966, 1967, 1973, 1977, 1983, 1986, 1999, 2003

Gran Bretagna 10 titolo

- 1903, 1904, 1905, 1906, 1912, 1933, 1934, 1935, 1936, 2015

Francia 10 titoli

- 1927, 1928, 1929, 1930, 1931, 1932, 1991, 1996, 2001, 2017

Svezia 7 titoli

- 1975, 1984, 1985, 1987, 1994, 1997, 1998

Spagna 6 titoli

- 2000, 2004, 2008, 2009, 2011, 2019

Russia 3 titoli

- 2002, 2006, 2021

Germania 3 titoli

- 1988, 1989, 1993

Repubblica Ceca 3 titoli

- 1980, 2012, 2013

Croazia 2 titoli

- 2005, 2018

Italia 2 titoli

- 1976, 2023

Argentina 1 titolo

- 2016

Serbia 1 titolo

- 2010

Svizzera 1 titolo

- 2014

Canada 1 titolo

- 2022

Sud Africa 1 titolo

- 1974

Record

Nicola Pietrangeli

Il giocatore ad aver disputato il maggior numero di incontri in Coppa Davis, ad aver giocato e vinto il maggior numero di singolari e ad aver vinto il maggior numero di doppi (quest'ultimo record ad ex aequo con l'indiano **Leander Paes**) così distribuiti:

Singolare 110 match di cui 78 vinti e 32 persi
Doppio 54 match giocati di cui 42 vinti e 12 persi
Totale match giocati 164
Totale match vinti 120
Totale match persi 44

Leander Paes (India)

Il giocatore ad aver disputato il maggior numero di doppi in Coppa Davis:

Totale doppi giocati 55
Totale match vinti 42 (Record detenuto insieme a *Nicola Pietrangeli*)
Totale match persi 13

Stati Uniti

La nazione che ha vinto più coppe Davis di tutti con 32 successi

Giocatore più giovane a scendere in campo:

KennyBanzer (Liechtenstein) - 14 anni e 5 giorni

Giocatore più vecchio a scendere in campo:
Vittorio Pellandra (San Marino) - 66 anni e 124 giorni

Maggior numero di spareggi giocati:
Domenico Vicini (San Marino) - 70

Capitano più giovane:
Maurice McLoughlin (USA) - 19 anni e 9 giorni

Capitano vincitore più giovane:
Dwight F. Davis (USA) - 21 anni e 82 giorni

Capitano più vecchio:
Perry Jones (USA) - 71 anni e 107 giorni

Partita più lunga di singolare giocata in Coppa Davis:
Leonardo Mayer (ARG) b. **João Souza** (BRA) 76/76/57/57/15-13 in
6 ore e 42 minuti (2015 - Primo turno del World Group a Buenos
Aires, Argentina)

*Partita più lunga di doppio e anche la più lunga in assoluto
giocata in Coppa Davis*:
Tomáš Berdych/Lukas Rosol (CZ) b. **Stanislas Wawrinka/Marco
Chiudinelli** (SVI) 6-4; 5-7; 6-4; 6-7; 24-22 in 7 ore e 2 minuti (2013
– Ottavi di finale del World Group a Ginevra, Svizzera)

Indice

Gli altri libri di Daniele Antonio Battaglia

Vita nella Giungla

Melody of Love

The SharpShooter

SeaTown Investigation

Stonehenge

Dark Rooms

<table>
<tr>
<td></td>
<td></td>
<td></td>
</tr>
<tr>
<td>English Time
Grammatica e corso
di lingua Inglese</td>
<td>The SharpShooter e il
Dente della Morte</td>
<td>I Feel</td>
</tr>
<tr>
<td>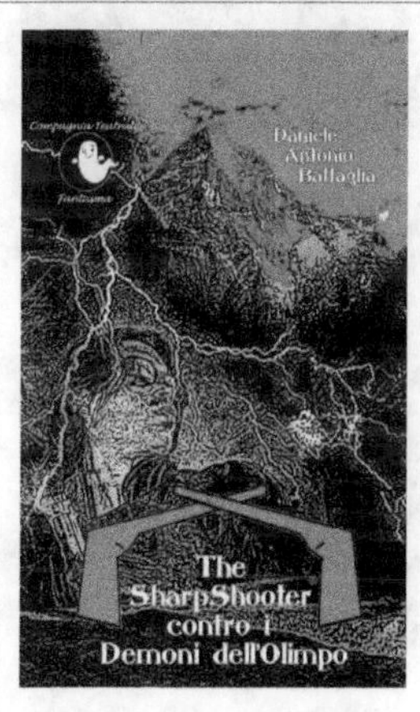</td>
<td></td>
<td></td>
</tr>
<tr>
<td>The SharpShooter
contor i Demoni
dlel'Olimpo</td>
<td>Scrivere con Fantasia
Corso di Scrittura
Creativa</td>
<td>Writing with Fantasy
Course of Creative
Writing</td>
</tr>
</table>

The Fire Witch When the Sorceress was born

The Fire Witch La Nascita della Strega

Recitare è vivereCorso teorico d'introduzione alla recitazione

Parlare al microfono Corso di spekaer radiofonico & radiocronista sportivo

Parlare al microfono come uno speaker Corso di conduzione radiofonica

Parlare al microfonocome un radiocronita Corso di radiocronaca sportiva

Parlare al microfono e gestire gli show in radio	Parlare al microfono come un radiocronista e gestire i programmi	L'amore in rima

Max Pezzotti Ombre dal Passato	Forza Azzurri Campioni d'Europa 2020	The SharpShooter tra le fauci della bestia

| The SharpShooter La Prima Trilogia | My Muse | Luxor |

| Rhymes of Life | Tiempo de Español Grammatica e corso di lingua Spagnola | Il Cavaliere dell'Amore |